AF564014

INVENTAIRE
Vm8 1,047

à son Maitre VICTOR MASSÉ
Respectueux Hommage

PETIT TRAITÉ PRATIQUE DE CONTRE-POINT ET FUGUE

PAR

PAUL WACHS

Organiste au Gd Orgue de l'Église St Merry

H. PARENT

Prix: 5f net

Vm

Vm8. 1047

Paris, CH. EGROT, Editeur, 25, Bould. de Strasbourg
Propriété pour tous Pays
1878

LETTRE PRÉFACE.

Mon cher maître,

Permettez-moi de placer sous votre éminent patronage, ce petit traité, qui est le résumé des excellents conseils que vous m'avez donnés, avec une si bienveillante sollicitude.

Il pourrait paraître bien téméraire d'entreprendre un ouvrage sur un sujet qui a déjà été traité d'une façon si complète et si savante par l'illustre Cherubini; mais le titre que je donne à ce présent livre me garantira, j'espère, contre toute idée de présomption.

Ecrire un traité de contrepoint et fugue, pouvant s'adresser également aux amateurs et aux personnes qui se destinent à la profession d'artiste, voilà l'objet nouveau, peut être, que je me suis proposé dans ce travail.

Pour atteindre à ce but, j'ai dû, entre autre moyens, donner les exemples et les exercices, sur clés de Sol et clés de Fa, qui sont seules connues des amateurs.

J'ai cru devoir aussi écrire ce traité dans le style laconique, afin de faire contenir toutes les règles dans un petit volume, dont la capacité ne puisse pas donner prise au découragement des personnes qui voudront en faire usage.

En un mot, faciliter et propager l'étude de contrepoint et fugue, tel est le double point de vue sur lequel j'ose appeler, cher maître, votre bienveillante attention.

Agréez, cher maître, le témoignage de ma plus vive admiration, et l'assurance de mon inaltérable attachement.

PAUL WACHS.

Paris, 10 Octobre 1877.

Paris, 27 octobre 77

Mon cher Wachs,

J'ai lu votre traité de contre-point et fugue et il m'a complètement satisfait. Vous avez eu raison de vous appuyer sur les saines doctrines du Conservatoire, qui sont celles de l'illustre Cherubini notre maître à tous.

Je vous félicite donc, mon cher ami, et je vous serre la main bien affectueusement.

Victor Massé.

PETIT TRAITÉ PRATIQUE

de

CONTREPOINT ET FUGUE

par

PAUL WACHS

Organiste au Gd Orgue de l'église St Merri.

BIBLIOTHÈQUE NATIONALE IMPRIMÉS

CONTREPOINT SIMPLE.

La première espèce consiste à faire entendre une note sur chaque note du chant donné. La seconde espèce, à faire entendre deux notes sur chaque note du chant donné. La troisième espèce, quatre notes contre une.(1) La cinquième espèce, ou contrepoint fleuri, consiste à faire sur le chant donné, une mosaïque des quatre premières espèces, en y ajoutant quelques croches, comme on le verra au chapitre du contrepoint fleuri.

1re ESPÈCE.

1 Dans cette espèce comme dans les autres et dans la fugue, l'accord parfait seul est employé, et encore, son second renversement $\frac{6}{4}$ est-il prohibé.

EX. $\frac{6}{4}$ mauvais.

2 En contrepoint la 4te est considérée comme dissonnance, et ne peut se frapper sans préparation.

EX. 4te mauv.

3 Le talent d'un habile contrepointiste consiste à donner de l'élégance aux parties qui accompagnent le chant donné; pour cela il faut éviter les mouvements semblables tels que:

EX.

Il faut éviter de tomber sur une 5te ou une 8ve par mouvt semblable: cela s'appelle 5tes et 8ves cachées.

EX.

4 Eviter de trop espacer les parties ainsi que les croisements.

Exemple d'un chant accompagné selon les règles.

(1) La quatrième n'est autre chose que la première dont chaque note est retardée (voir chapitre 4e espèce.)

L'élève devra s'exercer à faire plusieurs fois le même chant en l'accompagnant dans diverses positions et à mettre le chant en haut et en bas afin de se rompre aux difficultés
L'élève pourra en outre en faire dans tous les tons.
Lorsqu'on écrit pour les voix il faut éviter avec soin les intervalles mélodiques difficiles à prendre tels que:

En général le mouvement conjoint est le meilleur. Inutile d'ajouter que le chromatique est absolument défendu.

2me ESPÈCE.

DEUX NOTES CONTRE UNE.

1 La première des deux notes qui accompagnent le chant (le temps fort) doit toujours être une tierce, ou une 6e, ou une 5te, ou une 8ve en un mot ce doit être une consonnance.
2 La seconde des deux notes doit être aussi une consonnance à moins qu'elle ne soit note de passage.(1)
3 Les lois qui régissent l'espèce précédente doivent être observées dans celle-ci et dans tout le contrepoint et fugue que nous enseignerons.

D'après la règle 2 de ce chapitre il est défendu de faire:

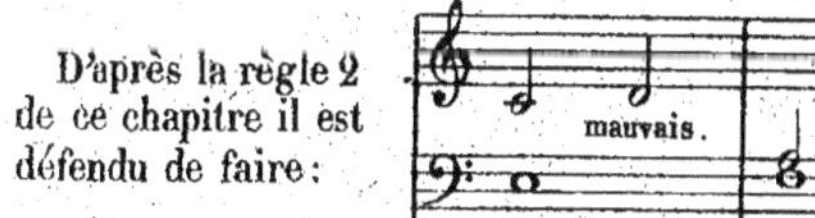

La seconde note étant dissonnante sans être note de passage.

D'après la règle 1 de ce chapitre il est aussi défendu de faire:

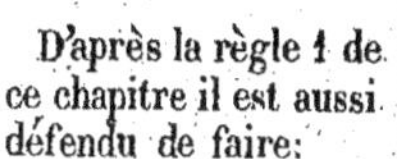
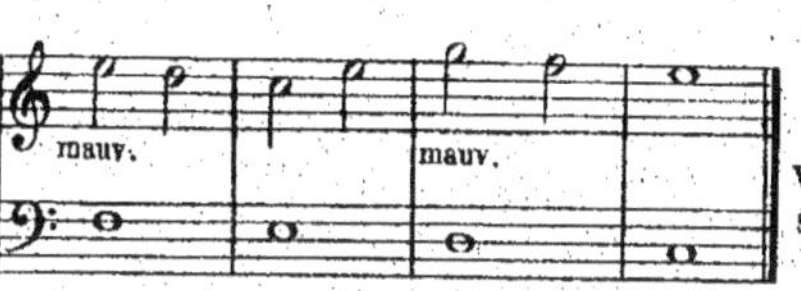

La première note devant toujours être consonnante.

EXEMPLE D'UN CONTREPOINT 2de ESPÈCE SELON LA RÈGLE.

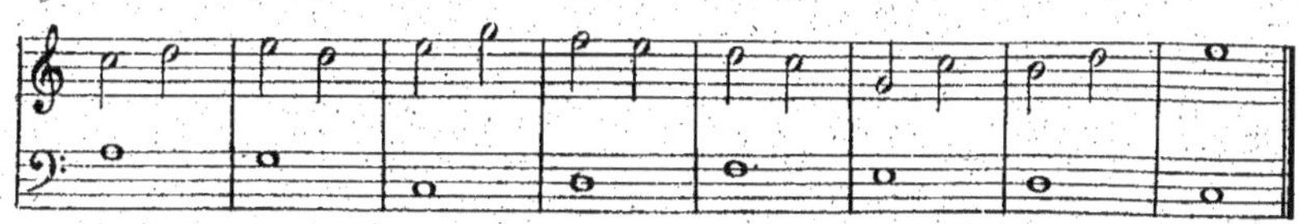

(1) Voir notes de passage (explication) dans le petit traité d'harmonie du même auteur.

L'élève remarquera dans cet exemple, que: 1° une modulation passagère est permise, si elle vient bien à sa place; on pourra même en placer plusieurs, pourvu qu'elles ne détruisent pas le sentiment de la tonalité. Ce moyen que l'on peut employer dans toutes les espèces, permet de faire plusieurs fois le même chant, tout en variant l'accompagnement à l'infini.

2 On remarquera aussi qu'il faut éviter les 8ves et les 5tes entre les mêmes temps de mesures qui se suivent.

3me ESPÈCE.

QUATRE NOTES CONTRE UNE.

Ainsi que dans l'espèce précédente, le premier temps doit toujours être consonnant; toutes les autres notes peuvent être dissonnantes, pourvu qu'elles aillent par mouvement ascendant ou descendant et par mouvement conjoint; dans ce cas ce sont des notes de passage.

Exception. Le second temps peut seul être dissonnant, sans être note de passage, à condition, toutefois, qu'il soit précédé et suivi de notes conjointes.

Il faut autant que possible éviter de changer d'harmonie sur les temps faibles.

EX: 8 6 8 mauvais. 6 #6 mauvais.

Il est d'usage de laisser le premier temps de chaque contrepoint, vide, pour la même raison que dans l'espèce précédente. Cette règle est applicable à toutes les espèces, excepté à la 1re

CONTREPOINT SELON LES RÈGLES.

La difficulté est d'éviter la monotonie du contrepoint tout en observant strictement les règles

4me ESPÈCE.

Cette espèce n'est autre chose que la première; à cette seule différence, que les notes réelles ne tombent qu'aux seconds temps, tandis que dans la première espèce elles tombent au premier.

Ce sont des syncopes qui prolongent les notes réelles jusqu'au second temps suivant:

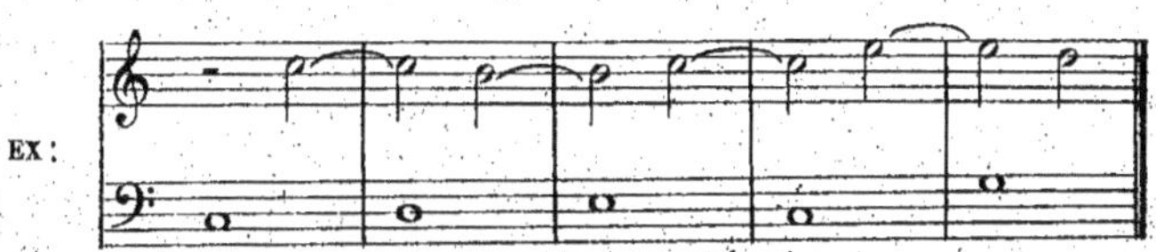

Retranchez les premiers temps ou syncopes de cet exemple il vous restera:

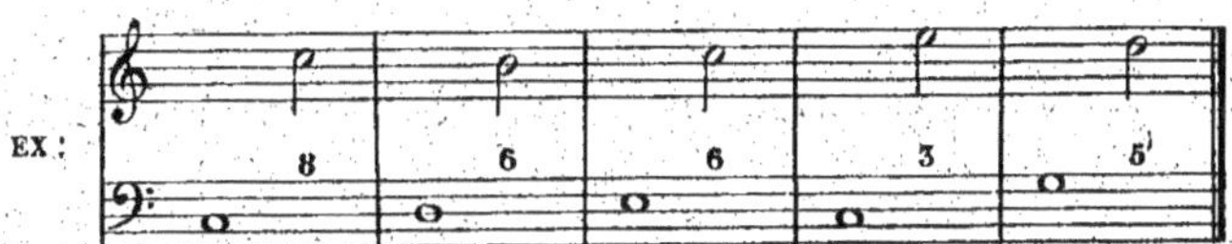

C'est donc la première espèce dont chaque note réelle est aux seconds temps.

(Règles) 1 Chaque fois que la syncope forme dissonnance avec le chant 7e 9e 4e elle doit subir la loi des dissonnances, c'est à dire descendre par mouvt conjoint.

2 La 9me n'est telle que si elle se trouve à distance de 9 notes sans quoi elle ne peut être employée ni résolue sur l'unisson.

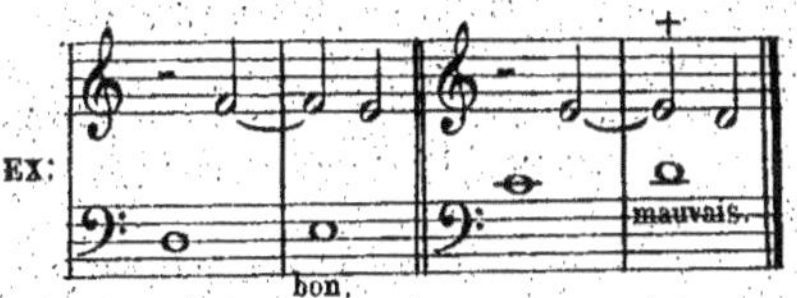

La 9me ne peut être renversée.

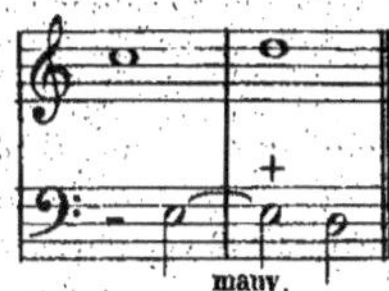

CONTREPOINT SELON LES RÈGLES.

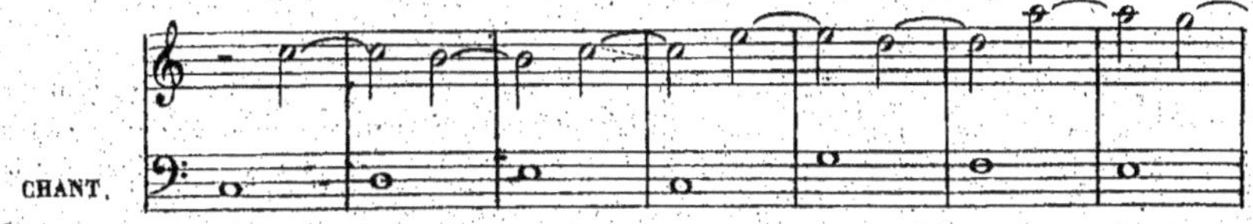

CONTREPOINT FLEURI
RÉUNION DES 4 PREMIÈRES ESPÈCES.

Il s'agit ici d'employer avec art, toutes les ressources qu'offrent les espèces précédentes, au service de l'accompagnement du chant. Rechercher la variété, tout en observant les règles de chacune des espèces, voilà le but que l'on doit se proposer dans l'étude du contrepoint fleuri.

CONTREPOINT FLEURI SELON LES RÈGLES.

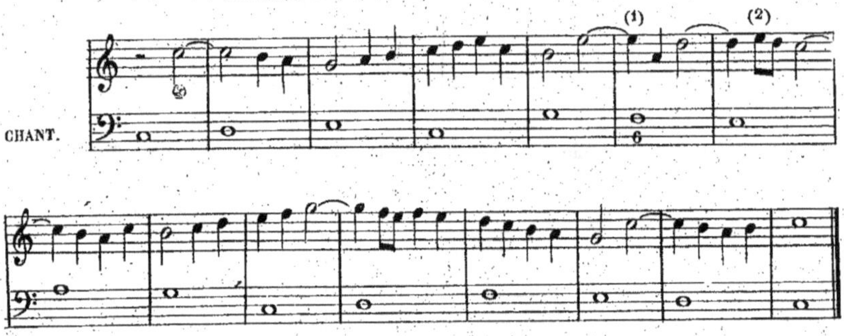

CHANT.

Il est bon, une fois le travail fait, de se chanter le contrepoint seul, afin de se rendre compte de l'effet. Il faut qu'il soit bien chantant et éviter les redondances.

CONTREPOINT À TROIS PARTIES.

Jusqu'ici, nous avons fait l'étude du contrepoint à deux parties; nous n'avons eu à nous occuper que des espèces sans nous soucier de l'agencement et du placement des voix.

Nous allons maintenant rencontrer un autre genre de difficulté; en effet il va falloir restreindre l'étendue et nous préoccuper aussi d'harmonie.

Bien que nous nous adressions ici aux élèves connaissant l'harmonie, il faudra beaucoup d'attention pour écrire purement à trois parties, car beaucoup d'accords sont prohibés dans le style sévère du contrepoint.

Il est même plus simple d'énoncer les accords permis, que d'indiquer ceux qui sont défendus, car ceux-ci sont, en trop grand nombre. Voici du reste ce que l'on emploie en contrepoint

Accord unique: L'accord parfait majeur et mineur et son premier renversement, et encore l'accord de 5te diminuée ne s'emploie-t-il que dans son premier renversement.

EX:

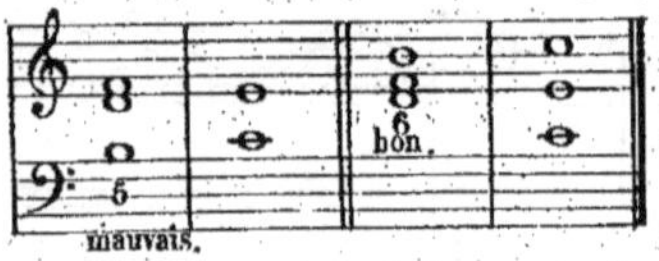

Nous ne parlons ici que des accords frappés sans préparation, mais on emploie tous les autres comme notes de passage et comme retards.

EX:

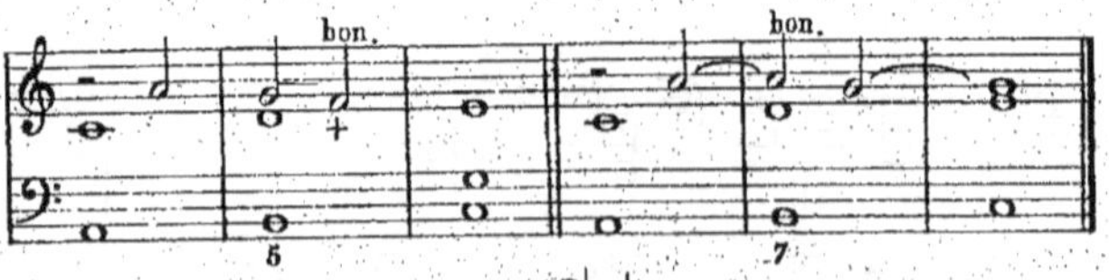

(1) Cette formule est permise, c'est comme s'il y avait: 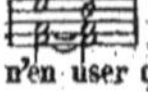 le *La* fait partie de l'accord.

(2) Ce groupe de deux croches est permis, mais il faut n'en user que sobrement.

1.re ESPÈCE.

A TROIS PARTIES

Observer les mêmes règles qu'à deux parties; de plus, tenir compte des voix pour lesquelles on écrit, compléter les accords le plus possible, ne point doubler la basse dans l'accord de 6te, ne point doubler les sensibles ni les tierces[1] éviter les unissons, les croisements et les grands écarts entre les voix.

CONTREPOINT SELON LES RÈGLES.

1er DESSUS.

2d DESSUS.

BASSE.

2.me ESPÈCE.

Les mêmes règles qu'à deux parties; se méfier d'employer l'accord $^6_4$ soit dans le premier soit dans le second temps

EX:

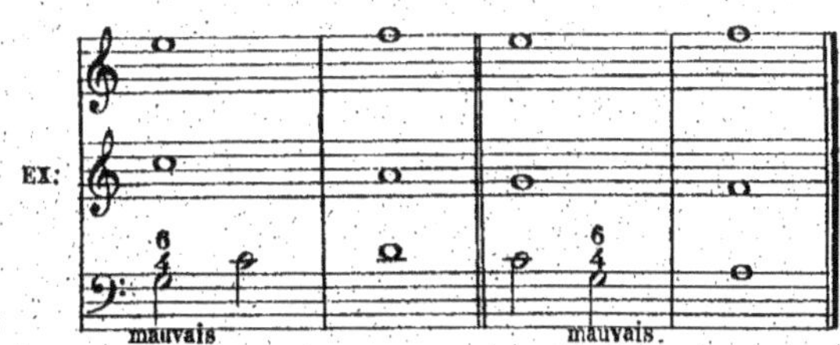

CONTREPOINT SELON LES RÈGLES.

CHANT

(1) La tierce peut se doubler quand elle n'est pas sensible.

3me ESPÈCE.

Mêmes observations qu'à deux parties.

CONTREPOINT SELON LES RÈGLES.

L'élève arrivé ici devra faire le mélange des premières espèces comme ci-après:

4me ESPÈCE.

Mêmes lois qu'à deux parties.

CONTREPOINT SELON LES RÈGLES.

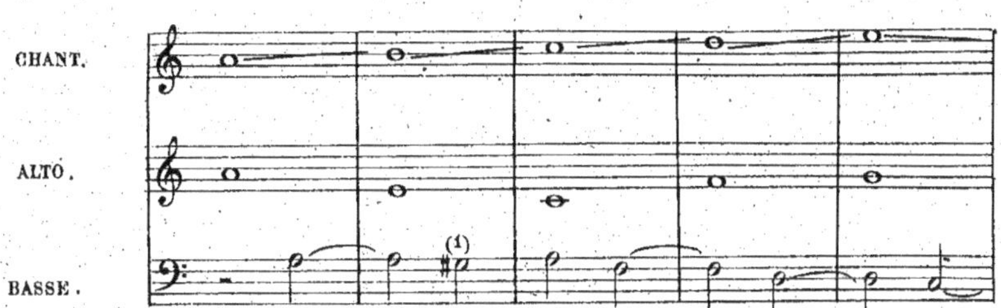

FAIRE DES MÉLANGES DE 3me et 4me ESPÈCES.

(1) Il est permis de rompre la syncope quand il y a impossibilité de suivre un courant mélodique autrement.

5me ESPÈCE.

CONTREPOINT SELON LES RÈGLES.

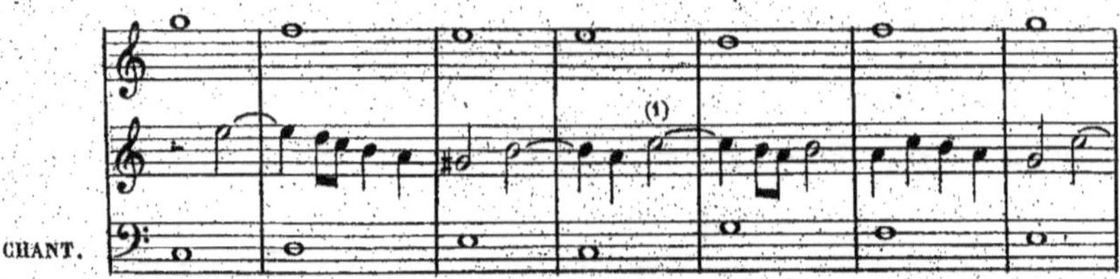

Faire tous les mélanges qu'offrent les différentes espèces, et enfin placer le contrepoint fleuri dans les deux parties qui accompagnent le chant.

A QUATRE PARTIES.

Ce sont toujours les mêmes lois qu'à 2, 3, et 5 parties, seulement la difficulté du travail devient plus grande avec le nombre de parties car les voix ont moins d'espace à parcourir quand elles sont nombreuses que quand elles ne sont que deux ou trois.

1re ESPÈCE.

CONTREPOINT SELON LES RÈGLES.

SOPRANO.

ALTO.

(2)

TENOR.

BASSE.

(1) Il est défendu de syncoper une note longue par une brève. Ex: mauvais.

(2) Lorsque l'élève jouera sa leçon sur le piano il devra transposer le Ténor une 8ve. plus bas.

2me ESPÈCE.

CONTREPOINT SELON LES RÈGLES.

3me ESPÈCE.

CONTREPOINT SELON LES RÈGLES.

L'élève fera ensuite le mélange des 2me et 3me espèces comme dans l'exemple suivant.

4me ESPÈCE.

CONTREPOINT SELON LES RÈGLES.

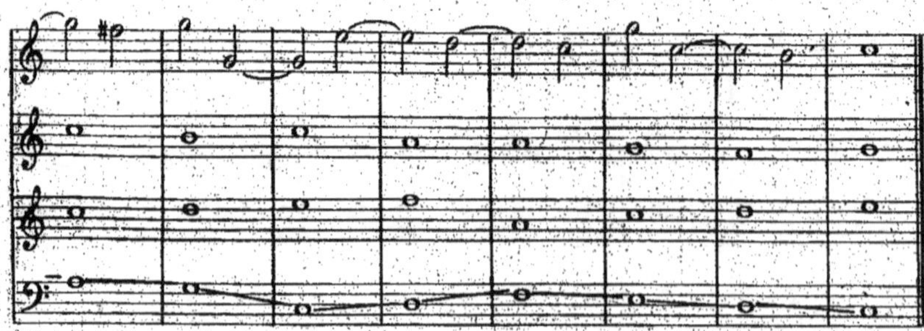

Faire le mélange des 2.me 3.me et 4.me espèces comme dans l'exemple suivant:

5.me ESPÈCE.

CONTREPOINT SELON LES RÈGLES.

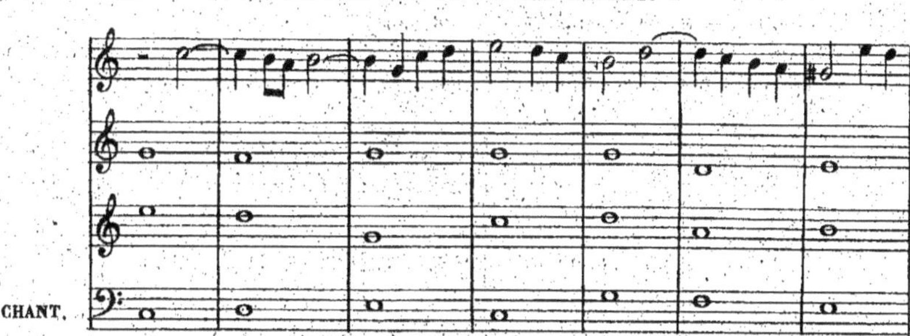

L'élève devra faire ensuite du contrepoint fleuri aux trois parties accompagnant le chant. Voir l'exemple suivant:

Avant de passer aux imitations, l'élève pourra s'exercer à faire du contrepoint à $\frac{12}{8}$ à $\frac{6}{4}$ et dans toutes les mesures employées en musique.

Les règles étant toujours les mêmes que celles dont nous avons parlé jusqu'ici, il suffira d'un exemple pour comprendre comment on peut écrire ces autres espèces.

L'élève devra aussi, faire un peu de contrepoint à 5, 6 et 8 parties, afin de se rompre complètement aux difficultés du contrepoint.

IMITATIONS.

Les imitations sont la reproduction d'un fragment quelconque, 1.° dans son entier ou en partie, 2.° dans le même ton ou dans des tons différents, 3.° par mouvement semblable ou par mouvement contraire, 4.° avec la même valeur de notes ou par diminution ou par augmentation.

Dans ce travail, l'élève ne devra pas oublier d'observer toutes les règles avec lesquelles il a déjà fait connaissance: tellesque la prohibition des accords de $\frac{6}{4}$, de 7.me de 9.me non préparés; ne pas faire aller les parties dans le même sens plus d'une mesure ou deux; éviter de faire entendre des noires et des croches dans toutes les voix, dans un même passage; enfin écrire d'une façon chantante et faire oublier la difficulté de l'exécution, etc.

Voici des exemples qui pourront servir pour la marche à suivre dans l'étude des imitations. Ces exemples sont placés dans l'ordre voulu et suivi par Chérubini dans son traité.

(1) Lorsque l'imitation se suit jusqu'au bout comme dans cet exemple elle porte le nom de Canon.

Ces quelques exemples suffiront pour comprendre ce que sont les imitations à l'8ve l'élève devra en faire beaucoup car, une fois habitué à en faire à l'8ve, les autres ne seront pas plus difficiles pour lui.

IMITATIONS À LA 2de

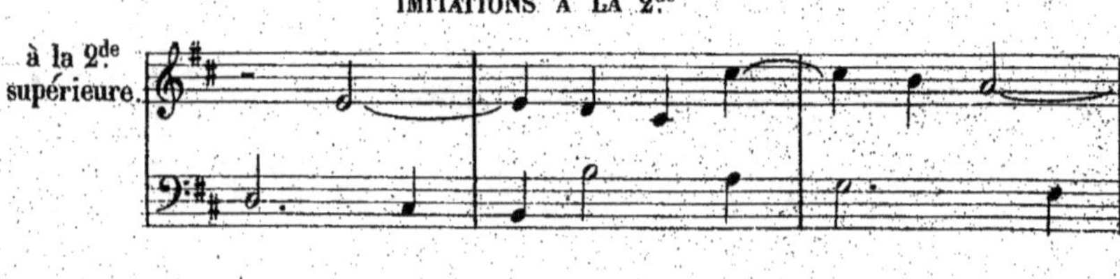

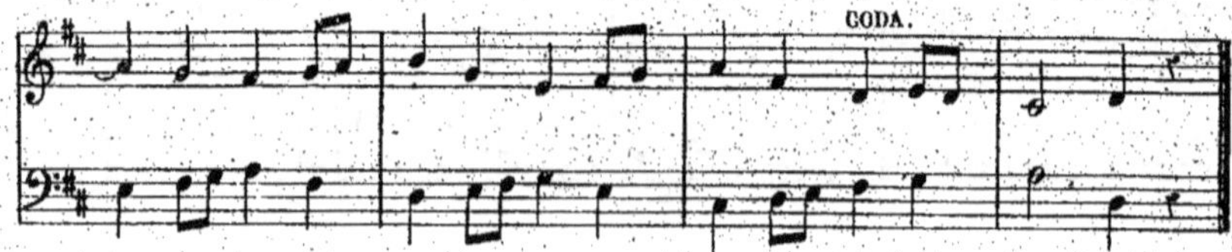

(1) Cet exemple ne serait pas bon pour les voix, il comporte trop de croches et prend trop d'étendue, il est instrumental.

L'élève fera des imitations à la 4te 5te 6te 7me ainsi que l'indiquent les exercices suivants qui sont commencés et qu'il devra terminer.

EXERCICES A LA 4te

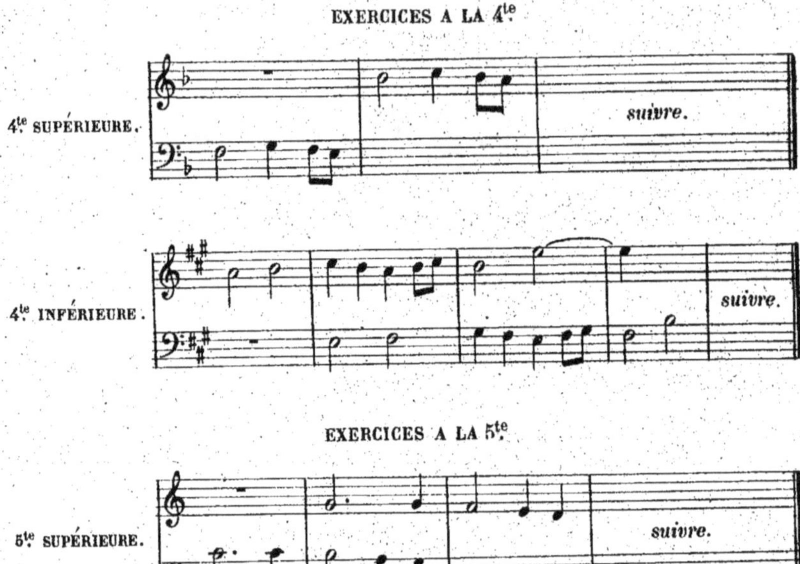

EXERCICES A LA 5te

EXERCICES A LA 6te

BIBLIOTHÈQUE NATIONALE RF IMPRIMÉS

EXERCICES A LA 7me

L'élève fera ensuite des imitations par mouvement contraire, comme dans l'exemple suivant:

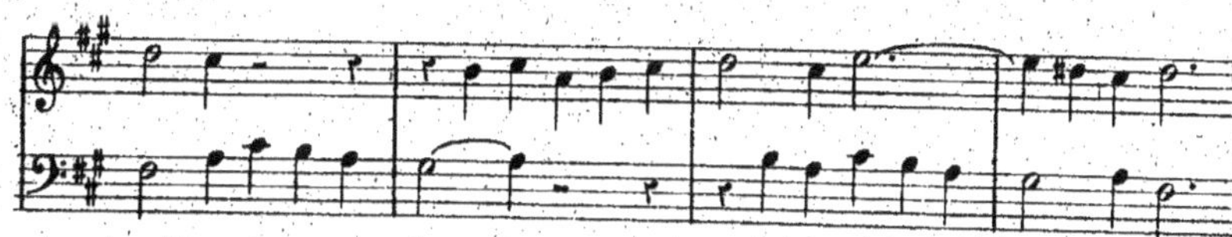

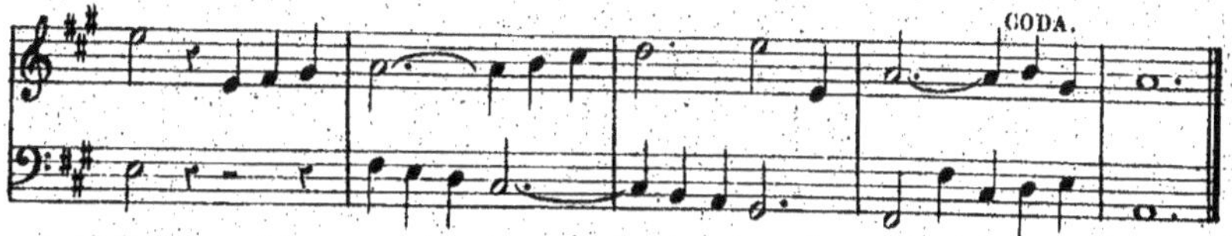

Ces imitations sont régulières, c'est-à-dire, qu'elles n'imitent pas seulement le rhythme; mais aussi les intervalles. (1)

(1) Les intervalles majeurs répondent aux intervalles majeurs, les mineurs aux mineurs, les 4tes aux 4tes les 5tes aux 5tes etc.

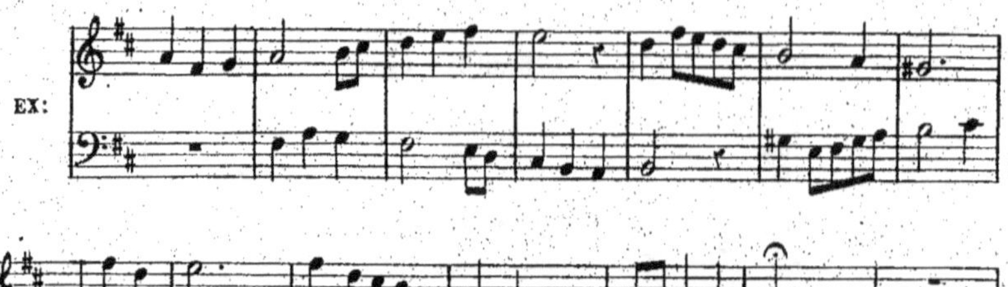

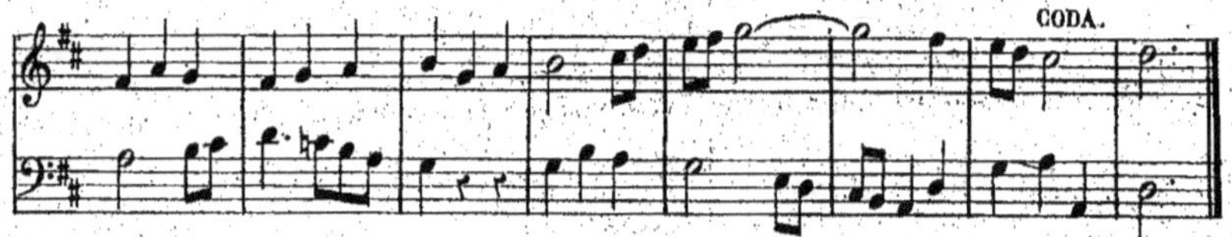

Après avoir fait des imitations régulières et irrégulières par mouvement contraire, l'élève passera aux imitations par augmentation et par diminution.

EXEMPLES.

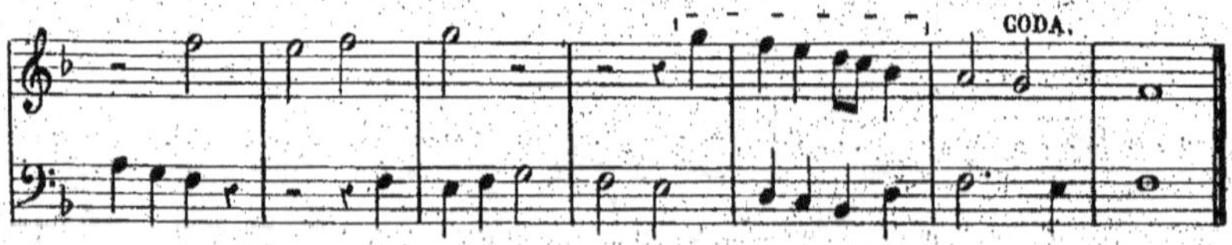

(1) Par mouvement contraire.

EXEMPLES D'IMITATIONS
par mouvement contraire et par diminution.

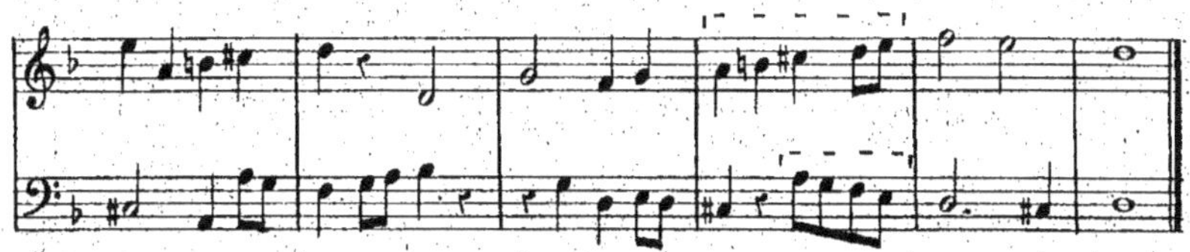

EXERCICES.

Il y a encore une sorte d'imitation que l'on appelle imitation à l'Ecrevisse. Elle consiste à reproduire à l'envers le fragment proposé.

C'est le même fragment marchant à reculons; si l'on nomme la dernière note de l'imitation, en lisant de droite à gauche, il est facile de retrouver exactement les mêmes notes que celles que l'on a lues à l'endroit dans le fragment donné. Ce genre d'imitation n'est pas d'un assez bon effet pour qu'on l'emploie, l'élève pourra donc passer outre.

A TROIS PARTIES

Imitations simples.

Lorsque l'élève aura suffisamment fait toutes les imitations à deux parties, il devra les employer à trois puis à quatre parties. Pour commencer, on fera ces imitations sur un chant donné;[1] ensuite on fera sans chant donné.

EXEMPLES D'IMITATIONS sur chant donné à trois parties.

(1) Avec chant imposé, on ne peut guère suivre les imitations d'un bout à l'autre, ni les faire régulières; on devra donc, quand l'impossibilité de suivre se présentera, rompre et commencer d'autres imitations sur la suite.

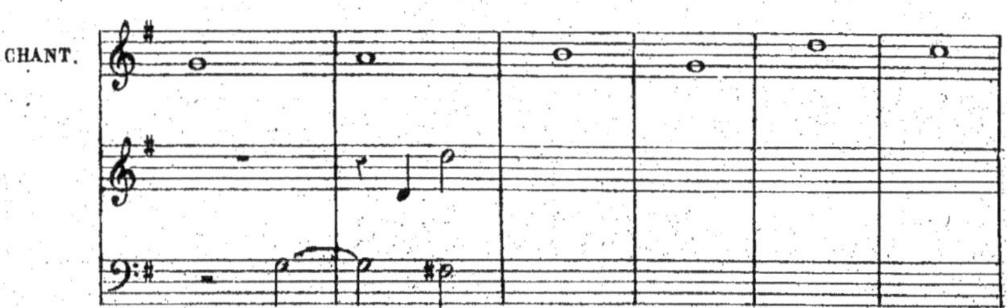

Les deux parties qui accompagnent le chant, font imitation par mouvement contraire, et par diminution du dit chant.(2.de espèce.)

Ex: d'imitations à trois parties, sans chant donné. Ces imitations sont plus faciles à continuer jusqu'au bout; on peut même faire des canons réels comme dans l'exemple suivant:

CANON RÉEL MODULANT.

(1) (2) Les deux parties imitant la 1re interrompent un instant, pour reprendre leur course à une mesure de distance de l'antécédent.

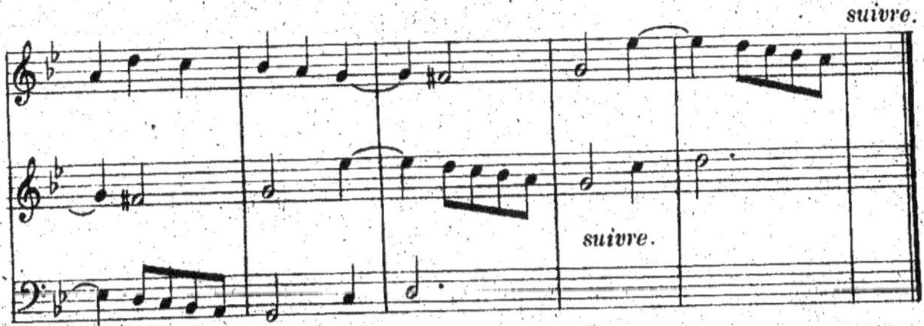

(1) Ne pas oublier de lire la partie de Tenor une 8[ve] au dessous.

CHANT.
par mouvt contraire.

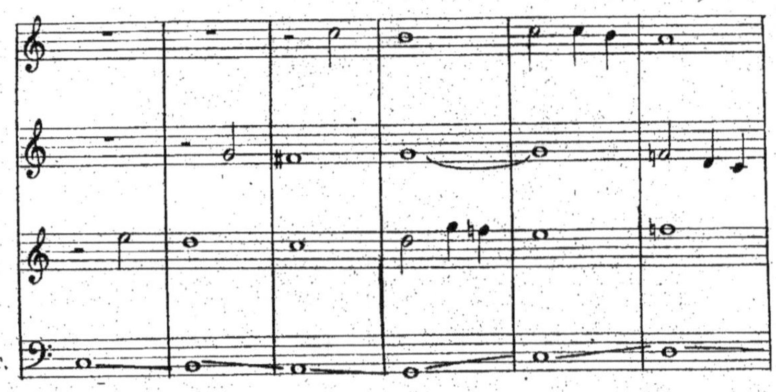
CHANT.

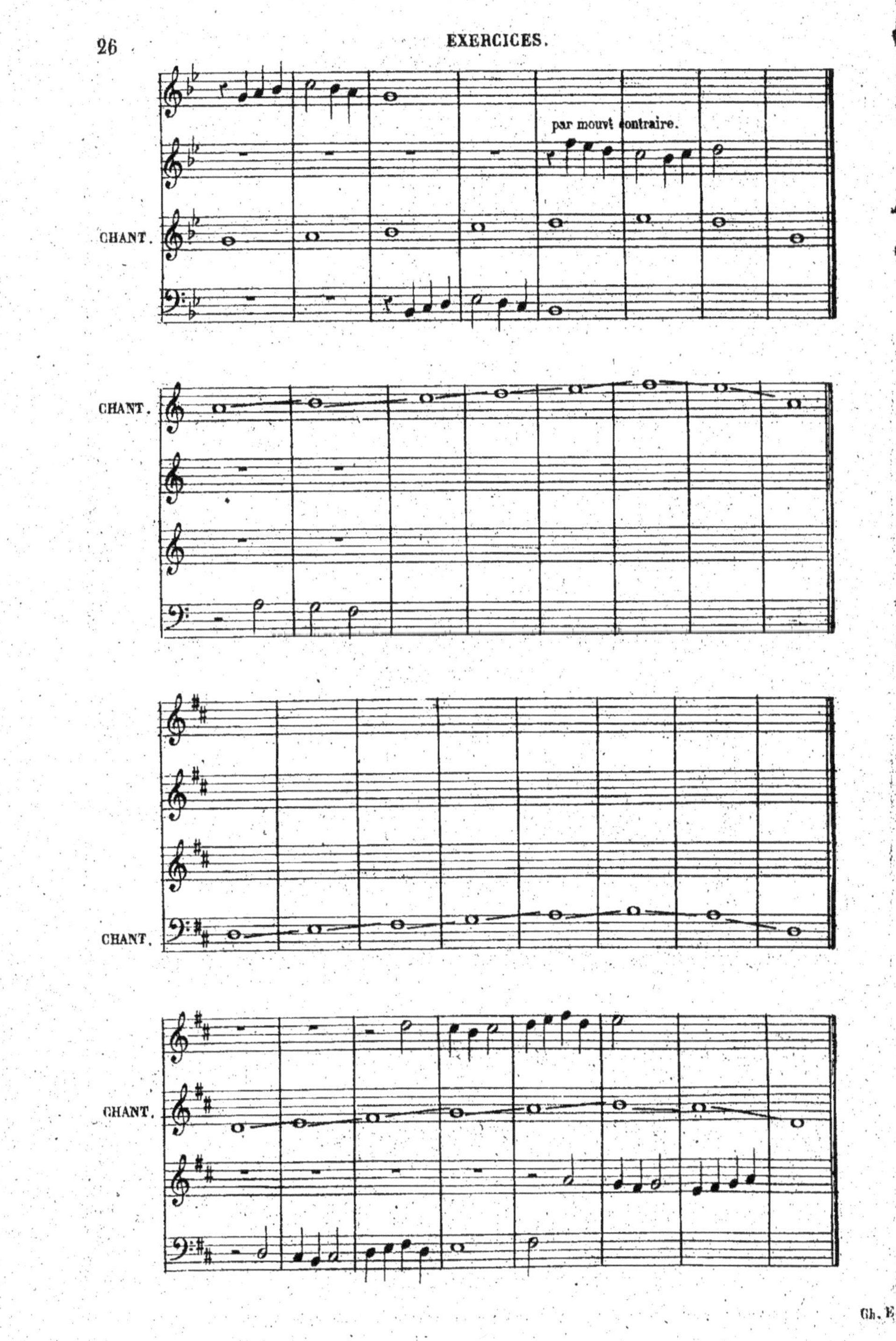
par mouvt contraire.
CHANT.
CHANT.
CHANT.
CHANT.

EXEMPLES D'IMITATIONS
à quatre parties sans chant donné.

(1) Lorsque deux antécédents sont imités en même temps, le Canon est double; ce genre de canon ne peut se faire à moins de 4 parties.

CANON RÉEL JUSQU'À LA CODA.

MÊME SUJET.

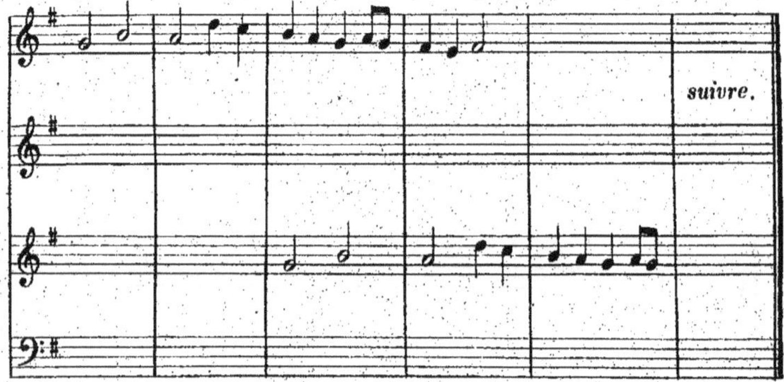

CANON DOUBLE.

B

suivre.

A

Il sera bon de faire quelques imitations à 5, 6, et 8 parties avant de passer à l'étude de la fugue.

FUGUE.

Considérée dans son ensemble, la fugue n'est autre chose qu'une suite d'imitations placées dans un certain ordre et auxquelles toutes les parties prennent part.

La fugue se fait, comme tout le contrepoint, à 2, 3, 4, 5, 6 et 8 parties, mais, quelqu'en soit le nombre, le plan ne change pas; et si parfois il y a une petite modification dans la disposition des voix, le simple bon sens l'indique et l'élève qui est arrivé à ce chapitre, est suffisamment avancé dans l'art du contrepoint pour s'en tirer sans autre explication.

Nous enseignerons donc, dans ce petit traité, la fugue à 4 parties, qui est la disposition normale des voix; lorsque l'élève pourra faire la fugue à 4 parties, il ne sera pas embarrassé pour la faire à 2 et à 3 parties; cependant il devra en faire à 5, à 6 et 8 parties afin de faire plus facilement celle à 4. Le plan est toujours le même.

DU SUJET.

Le sujet ne doit comporter aucun intervalle difficile à chanter, tels que: 6te majeure, 7e et tous les intervalles augmentés et diminués: Le chromatique est toléré dans les mouvements lents seulement.

Nous verrons plus tard, qu'une des conditions essentielles du sujet, c'est qu'il comporte au moins, une strette, mais il nous faudra apprendre avant, ce que c'est qu'une strette.

Exemple d'un sujet de fugue dans les conditions ci dessus mentionnées.

CONTRE-SUJET.

Le contre-sujet est un second sujet qui sert d'accompagnement au sujet.

Le contre-sujet doit comme le sujet, être facile à chanter, ne pas tenir de place trop large; il doit être mouvementé lorsque le sujet ne l'est pas et calme lorsque le sujet est mouvementé. Il doit être renversable avec le sujet et ce n'est pas là la moindre difficulté, car au dessus comme au dessous du sujet, il ne doit former aucun des intervalles défendus en contrepoint tels que la 4te. Ainsi l'on ne pourrait accompagner un sujet ainsi:

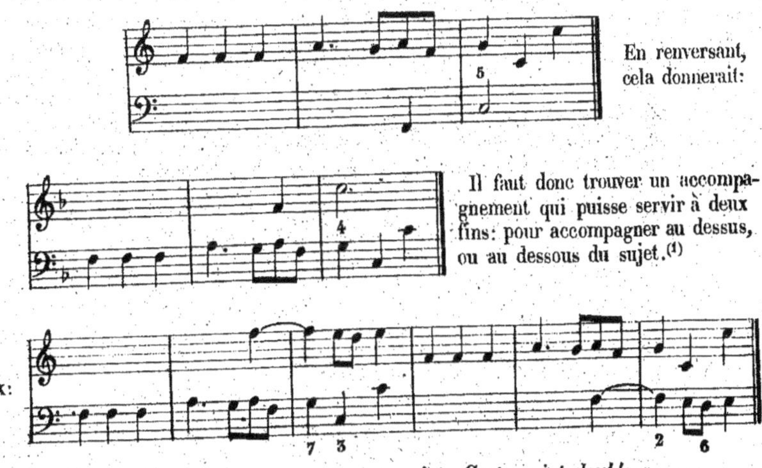

En renversant, cela donnerait:

Il faut donc trouver un accompagnement qui puisse servir à deux fins: pour accompagner au dessus, ou au dessous du sujet.(1)

(1) C'est pourquoi on appelle ce genre de contrepoint: *Contrepoint double.*

On peut accompagner le sujet de deux et même trois contre-sujets, c'est-à-dire que l'on peut mettre autant de contre-sujets qu'il y a de parties accompagnantes.

Dans ce cas, le contrepoint devient triple et quadruple, car il faut que les contre-sujets entre eux comme avec le sujet, soient renversables.

Chaque contre-sujet doit avoir une allure différente, autant que possible, et ne doit entrer qu'alternativement, afin que l'oreille les perçoive plus distinctement.

Exemple d'un sujet accompagné de deux contre-sujets:

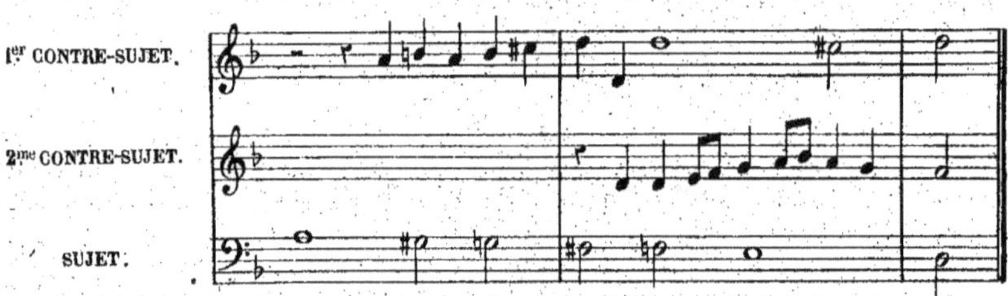

EXPOSITION.

L'exposition se fait ainsi: On expose quatre fois de suite le sujet dans son entier. La première fois, dans le ton de la fugue, la deuxième, à la 5te ou dominante, la troisième, dans le même ton que la première, et la quatrième, dans le même ton que la seconde. (1)

Chaque entrée est faite par une voix différente.

Lorsque la première partie a fait entendre le sujet dans son entier, elle accompagne le sujet à la dominante que fait entendre une autre partie, par le premier contre-sujet; ensuite, elle accompagne la troisième entrée du sujet par le deuxième contre-sujet, s'il y en a deux.

Chaque partie suit la même ligne de conduite, ce qui forme une espèce de canon.

L'élève remarquera que, si la seconde entrée se fait à l'intervalle de 5te de la première, il n'en est pas de même de la troisième entrée vis à vis de la seconde, voici pourquoi: Si les quatre entrées se faisaient entendre de 5te en 5te la quatrième entrée serait déjà loin du ton de la première, et au lieu d'avoir fixé le ton de la fugue dans l'oreille de l'auditeur, celui-ci l'aurait complètement oublié. Or l'exposition étant faite pour exposer suffisamment le ton, ainsi que le sujet et contre-sujet, l'on ne doit point s'éloigner de la tonique et de la dominante

C'est pour cela aussi que l'on fait faire souvent un retour de tonalité à la réponse.

Voici la règle à ce sujet:

Tout sujet ou tout fragment de sujet à la tonique doit être répondu à la dominante, et tout sujet ou fragment à la dominante, doit être répondu à la tonique.

Ainsi prenons ce sujet par exemple:

(1) La 2me et la 4me entrée qui se font à la dominante des 1re et 3me s'appellent *Réponses*.

Lorsque le sujet ne se termine pas de manière à laisser la réponse faire son entrée sur sa dernière note comme dans l'exemple suivant :

On fait quelques notes pour moduler dans le ton de la réponse; cela s'appelle faire une Coda. La coda subit les mêmes lois que le sujet lui même, et ne doit pas être négligée comme facture, car elle est appelée à être développée dans la fugue, tout comme le sujet, dont elle fait partie pour ainsi dire.

Exemple d'une Coda placée à la suite du sujet et de la réponse.

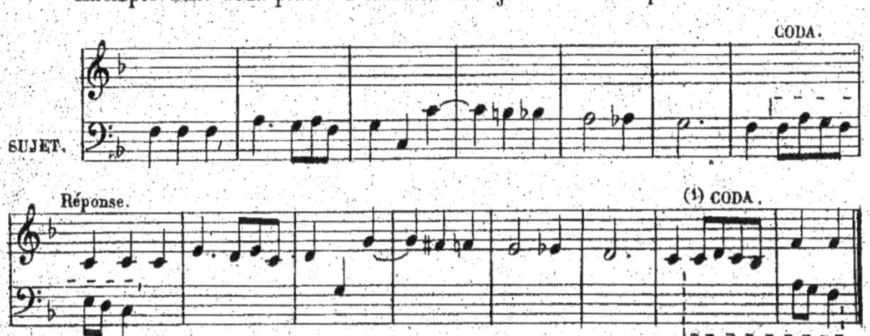

Modèle d'une exposition de fugue comportant un Sujet et deux Contre-Sujets

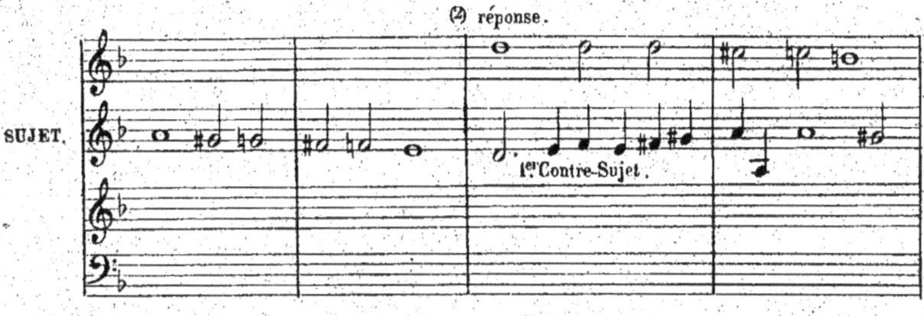

(1) L'élève se rappelle la loi ci-dessus mentionnée: Répondre à la tonique, par la dominante et à la dominante, par la tonique.

(2) Au lieu de répondre: mauvais. nous subissons la loi en répondant à la dominante par la tonique: bon. Comme le sujet est chromatique, il ne nous reste qu'un demi ton entre le Ré tonique et le Do ♯ il y a donc répétition de notes obligée, cela s'appelle faire une *Mutation*.

DIVERTISSEMENTS

Les divertissements ne sont autre chose que des imitations. L'élève arrivé à ce chapitre a déjà fait connaissance avec tous les genres d'imitations, nous n'en parlerons plus ici; nous allons seulement donner la manière de les appliquer aux fugues.

Tout antécédent(1) doit être un fragment du sujet ou d'un des contre-sujets. Ceci dit, nous allons parler d'un certain travail préparatoire, qui doit se faire à part, et après avoir trouvé les contre-sujets.

Ce travail consiste à inscrire sur une feuille détachée, tous les fragments du sujet et des contre sujets. Ensuite, chercher les combinaisons que peuvent comporter les fragments, soit par exemple, des imitations simples, des imitations doubles, des imitations par mouvement contraire, par augmentation, par diminution, enfin tout ce que nous avons déjà fait, avant de commencer la fugue.

Il suffit d'indiquer les différentes combinaisons sur la feuille détachée, et l'on possède ainsi des aperçus de divertissements, dont on disposera, et que l'on développera, dans le courant de la fugue.

EXEMPLE DE CE TRAVAIL PRÉPARATOIRE.

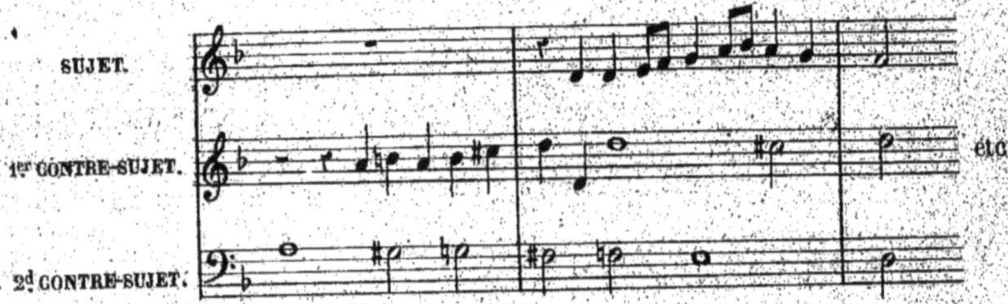

APERÇU DE COMBINAISONS.

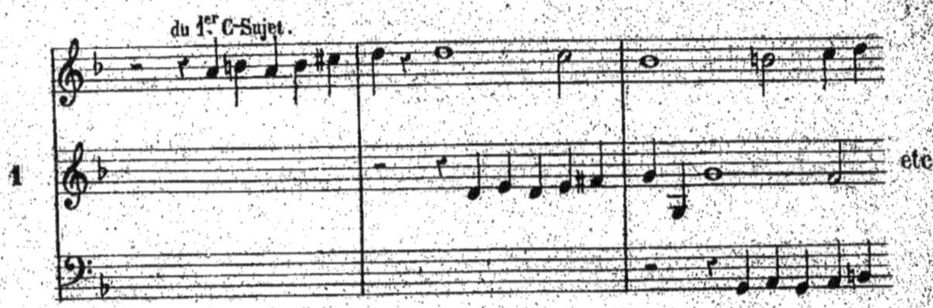

 (1) Voir ce mot dans le Chapitre des Imitations.

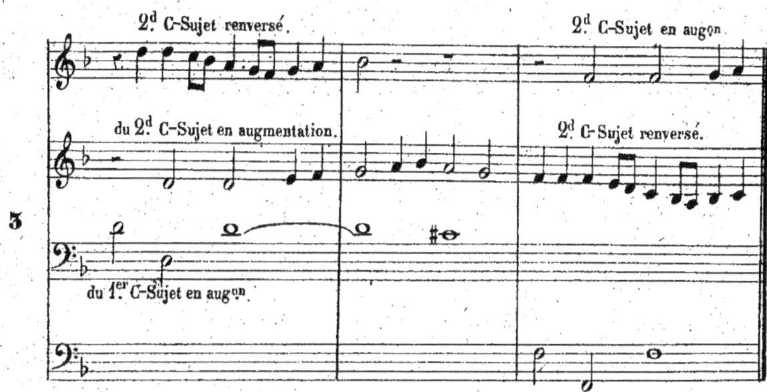

Nous n'indiquerons point ici toutes les combinaisons auxquelles ce sujet et ces contre-sujets peuvent prêter; l'élève en cherchant, en trouvera à l'infini: il suffit de chercher pour en trouver une quantité plus que suffisante pour fournir à tous les divertissements de cette figure.

CONTRE-EXPOSITION.

Après l'exposition l'on fait un petit divertissement non modulant qui doit amener à la *Contre-Exposition*.

La contre-exposition est une seconde exposition du sujet et de ses contre sujets; mais, au lieu de présenter deux fois le sujet et deux fois la réponse, on ne les présente qu'une fois et, encore, présente-t-on la réponse en premier, et le sujet ensuite, et par des voix différentes, autant que possible. (voir la fugue écrite plus loin dans ce livre)

MODULATIONS.

Après la Contre exposition, on fait un second divertissement pour amener le ton relatif de la fugue: le ton de Fa majeur, si la fugue est en Ré mineur.

Remarque. Il faut s'appliquer à faire en sorte que chaque nouveau divertissement soit plus fort en combinaison, plus corsé, plus intéressant que celui qui l'aura précédé; ainsi, nous recommanderons de faire le premier très court; celui où nous en sommes, en ce moment, un peu plus long et plus intéressant.

Une fois en Fa majeur, nous ferons entendre le sujet dans ce ton et sa réponse aussitôt, les sujets et réponses doivent toujours être accompagnés de leurs contre-sujets.

Arrivé à cet endroit, on fait un nouveau divertissement pour amener à un autre relatif du ton de la fugue; si la fugue est en Ré mineur, allons en *Sol mineur*, par exemple.

Nous ferons entendre le sujet dans le ton, puis nous ferons immédiatement entendre le sujet en Si ♭, sans divertissement entre les deux modulations. (à moins que ce divertissement ne soit que de quelques notes)

C'est ici qu'il faut entendre le meilleur divertissement de toute la fugue; on le fait généralement avec la tête du sujet.

Ce divertissement doit amener au repos à la dominante, ou *Point d'Orgue*.

STRETTES.

Faire une strette, c'est faire entrer l'imitation d'un sujet ou d'une réponse, voire même d'un contre-sujet, avant que l'antécédent n'ait cessé de se faire entendre.

EXEMPLE.

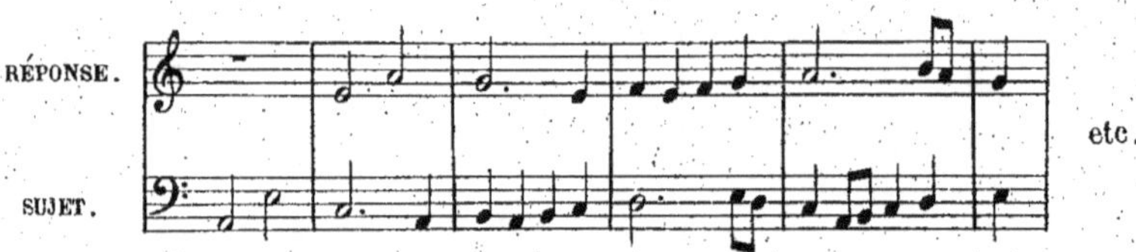

On peut faire une strette à deux parties d'abord et refaire la même strette dans les deux autres parties aussitôt après; ce sont des strettes à deux parties. On peut faire des strettes à quatre parties, c'est-à-dire que la troisième entrée peut avoir lieu avant que la seconde n'ait cessé de faire l'imitation de l'antécédent, et la quatrième entrée fait alors de même, vis à vis de la troisième. Dans ce dernier cas, les quatre entrées successives sont d'un excellent effet, mais on est souvent obligé de tronquer les antécédents et de ne terminer que les deux dernières entrées.

Les strettes par mouvement contraire, par augmentation, par diminution, en un mot, toutes les imitations que nous avons faites, sont applicables aux strettes; mais il est rare de pouvoir les suivre jusqu'au bout sans modifier les sujets ou contre-sujets servant d'antécédents. C'est pourquoi l'élève fera bien de s'assurer d'avance, si le sujet qu'il veut traiter en fugue, comporte une strette régulière, c'est-à-dire qui puisse se suivre (à deux parties,) d'un bout à l'autre, sans modifier le sujet ni la réponse.

On peut employer les strettes commençant par la réponse, mais toutes les strettes qui ne sont pas régulières doivent tenir une place secondaire et ne servir qu'à préparer l'avènement de la strette normale ou régulière.

Lorsque le sujet comporte beaucoup de strettes en outre de la strette normale, on doit donner d'abord celles dont les entrées sont plus éloignées les unes des autres, et donner graduellement les plus serrées jusqu'à la fin de la fugue. (voir la fugue qui suit)

Les contre-sujets peuvent être traités en strettes, mais ces strettes ne sont qu'épisodiques servant à relier entre elles les strettes du sujet.

A partir de la première strette on ne doit plus faire entendre de divertissements qu'en forme de strettes. On ne doit plus moduler dans un ton éloigné, et si on module, même dans un ton voisin, il ne faut le faire que passagèrement.

Dans les strettes, le sujet et la réponse, ne doivent être accompagnés de leurs contre-sujets qu'autant que cela est possible et d'un bon effet; on peut aussi n'en présenter que la tête et rompre aussitôt.

PÉDALES.

On fait habituellement entendre, avant de terminer la fugue, une pédale à la dominante, et une autre à la tonique tout à fait à la fin.

Sur la première, les trois parties qui agissent (le soprano le ténor et l'alto) font entendre généralement des marches en forme de strettes.

Sur la seconde, on peut faire un canon ou tout autre combinaison, pourvu qu'elle soit corsée et que l'intérêt aille toujours en augmentant.

La fugue est ainsi terminée.

EXERCICES.

L'élève s'exercera à trouver sur les sujets ci-joints; des contre-sujets des réponses; il fera ensuite des expositions, cherchera la strette normale de chacun de ces sujets et fera aussi des strettes épisodiques sur les sujets et contre-sujets; et enfin, il fera des fugues entières.

SUJETS DE FUGUE.

Nous avons enseigné, dans ce petit ouvrage, le plan généralement suivi par les fuguistes les plus autorisés; néanmoins l'élève qui sera à même d'analyser les fugues de différents contrepointistes, pourra remarquer parfois, quelques petites modifications dans les détails; mais le plan général est toujours le même. (Voir à ce sujet la fugue ci-jointe, où le second contre-sujet n'entre qu'après la contre-exposition.)

FUGUE A DEUX CONTRE-SUJETS.

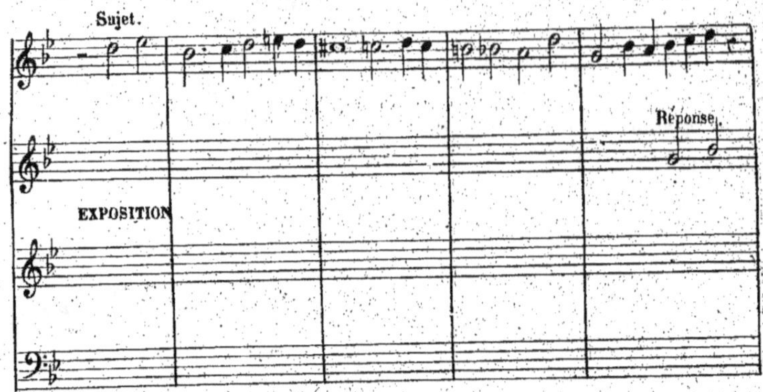

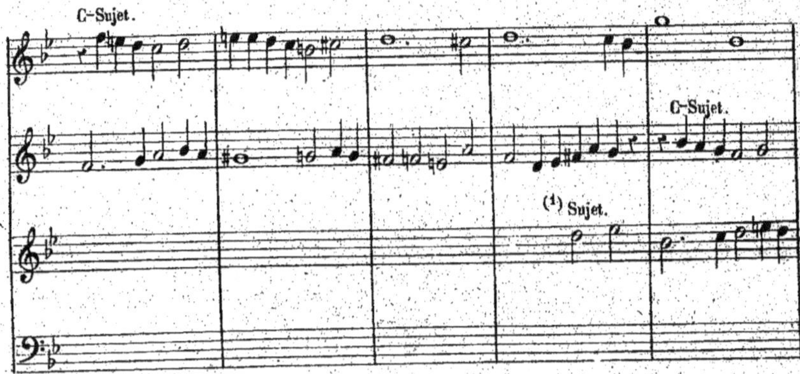

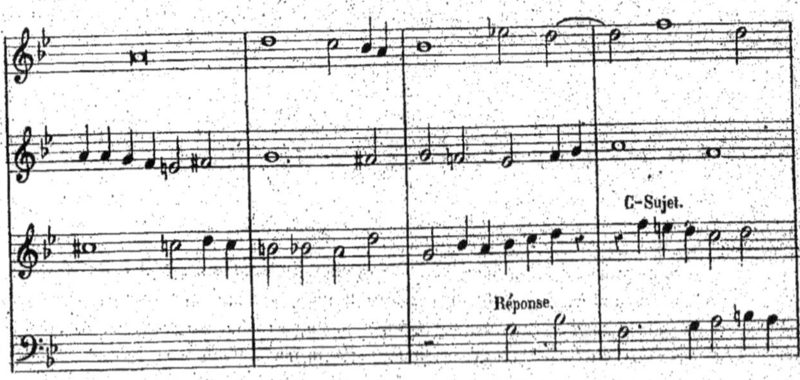

(1) Ne pas oublier de lire la partie de Ténor une 8.ve plus bas.

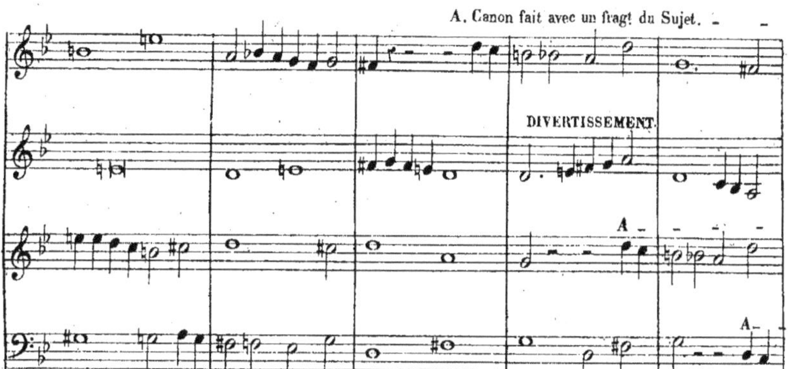

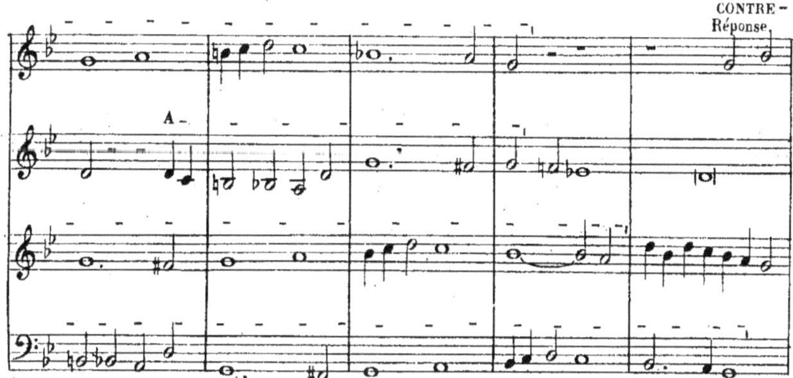

(1) L'élève remarquera que chaque fois qu'un sujet, une réponse, un des Contre-sujets se font entendre, ils sont précédés de silences; c'est afin de mieux faire paraitre leurs entrées.

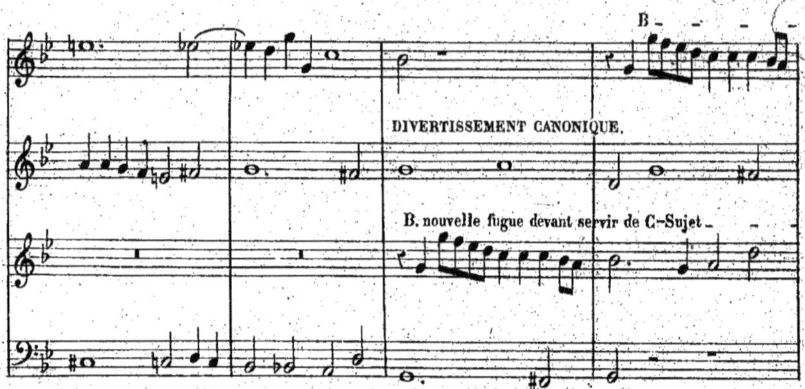
B
DIVERTISSEMENT CANONIQUE.
B. nouvelle fugue devant servir de C-Sujet

B. imitations plus serrées.
B
B
B

RELATIF.
1er C-Sujet.
B
Sujet
B

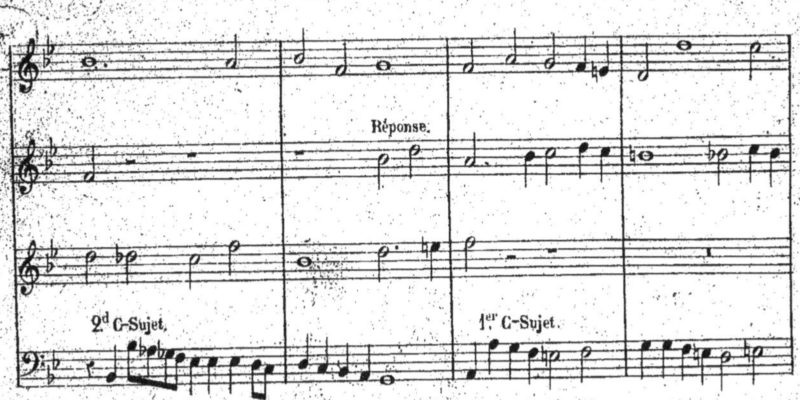
Réponse.
2d C-Sujet.
1er C-Sujet.

C. Fragt du 1er C-Sujet
DIVERTISSEMENT.
2d C-Sujet.
C. par mouvt contraire.
Pédale passagère.
C.

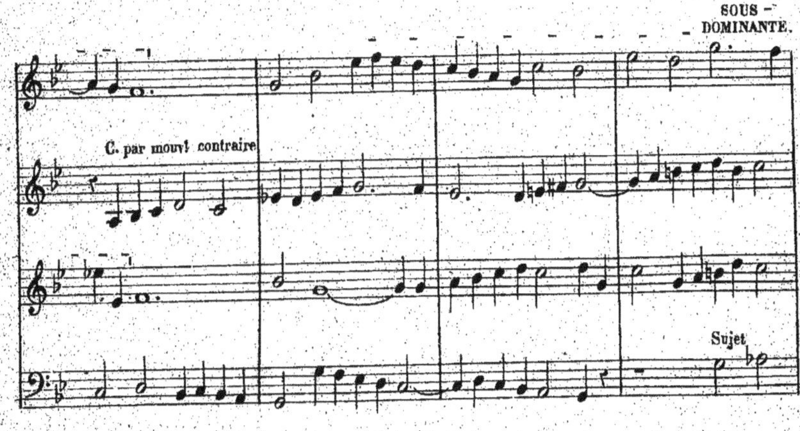
SOUS-DOMINANTE.
C. par mouvt contraire
Sujet

SUS-DOMINANTE.
Sujet.
2d C-Sujet.

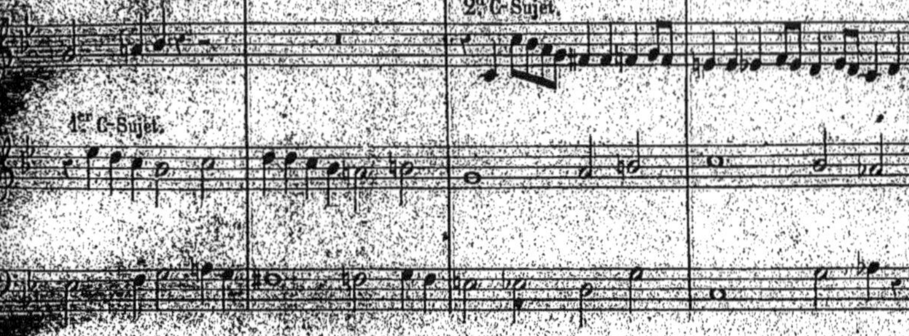
1er C-Sujet.

D. Frag. du 2d C-Sujet.
DIVERTISSEMENT.
2d C-Sujet.
D
1er C-Sujet.

D

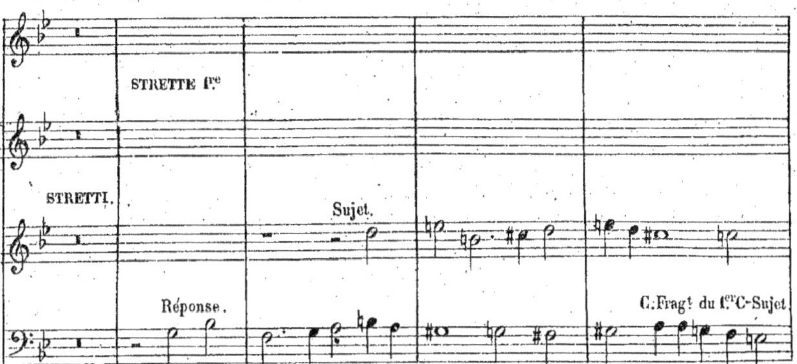
STRETTE 1re
STRETTI.
Sujet.
Réponse.
C.Fragt du 1er C-Sujet.

Sujet.
Réponse.

STRETTE du 2d C-SUJET.
Réponse.

Réponse.
1er G Sujet.

STRETTE 2de

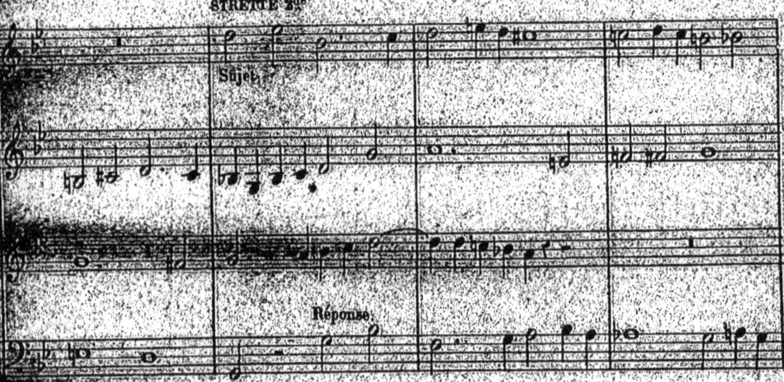
Sujet.
Réponse.

STRETTE
du 2d G SUJET
Réponse.
Sujet.

(1) Voir l'observation qui précède cette fugue au sujet des modifications dans les détails, cette fugue se termine sans Pédale à la tonique par exception.

L. Parent Grav, r. Rodier 61. Imp. Bertauts r. Rodier 59.

BIBLIOTHÈQUE NATIONALE R.F. IMPRIMÉS
83

www.ingramcontent.com/pod-product-compliance
Lightning Source LLC
LaVergne TN
LVHW021714230826
846091LV00006BA/2170

* 9 7 8 2 0 1 9 9 9 3 1 6 0 *